yukismart.com/b/639a86
AF364833
1
2

appel

äpple

banaan

banan

peer

päron

kers

körsbär

limoen

lime

citroen

citron

kweepeer

kvitten

kiwi

kiwi

druiven

vindruvor

watermeloen

vattenmelon

sinaasappel

apelsin

clementine

klementin

aardbei

jordgubbe

framboos

hallon

veenbes

tranbär

bosbes

blåbär

bes

vinbär

braambes

björnbär

sap

juice

jam

sylt

geroosterd brood

rostat bröd

grapefruit

grapefrukt

meloen

melon

pompelmoes

pomelo

kumquat

kumquat

mirabel pruim

mirabelle plommon

perzik

persika

abrikoos

aprikos

pruim

plommon

ananas

ananas

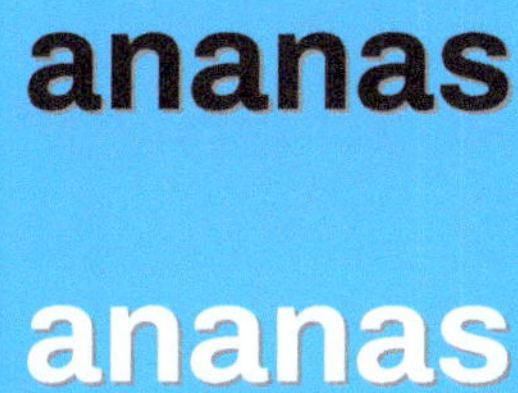

granaatappel

granatäpple

olijf

oliv

vijg

fikon

dadel

dadel

avocado

avokado

lychee

litchi

kaki

persimon

stervrucht

stjärnfrukt

mango

mango

ramboetan

rambutan

longan

longsan

langsat

langsat

mangosteen

mangostan

jackfruit

jackfrukt

sapodilla

sapodilla

guave

guava

jujube

jujubär

durian

durian

zuurzak

taggannona

papaja

papaya

drakenfruit

drakfrukt

kokosnoot

kokosnöt

cacao

kakao

chocolade

choklad

aardappel

potatis

maïs

majs

yam

sötpotatis

pompoen

pumpa

flespompoen

butternutpumpa

cassave

kassava

wortel

morot

tomaat

tomat

paddenstoel

svamp

broccoli

broccoli

asperge

sparris

artisjok

kronärtskocka

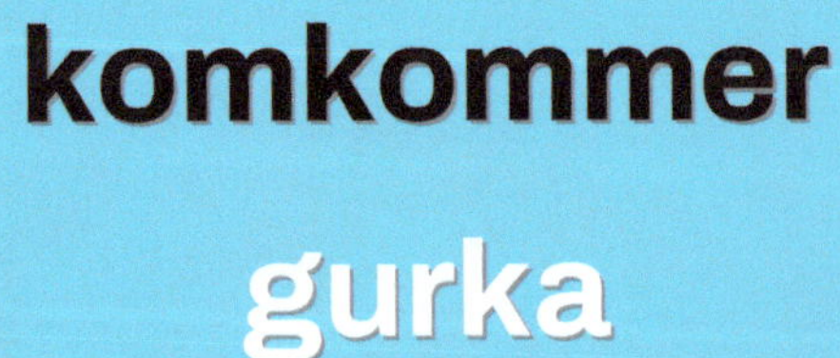

komkommer

gurka

spinazie

spenat

bloemkool

blomkål

courgette

zucchini

sla

sallad

kool

kål

aubergine

äggplanta

raap

rova

radijs

rädisa

biet

rödbeta

rabarber

rabarber

spruitje

Brysselkål

prei

purjolök

munt

mynta

knolselderij

rotselleri

andijvie

endiv

selderij

selleri

erwten

ärtor

kikkererwten

kikärtor

sperzieboon

grön böna

rode boon

kidneyböna

mungoboon

mungböna

venkel

fänkål

pastinaak

palsternacka

paprika

paprika

chili peper

chilipeppar

peper

peppar

ui

lök

knoflook

vitlök

gember

ingefära

macadamia

macadamianöt

pecannoten

pekannötter

cashewnoot

cashewnötter

hazelnoten

hasselnötter

amandel

mandel

pistache

pistagenöt

pinda

jordnöt

kastanje

kastanj

walnoten

valnötter

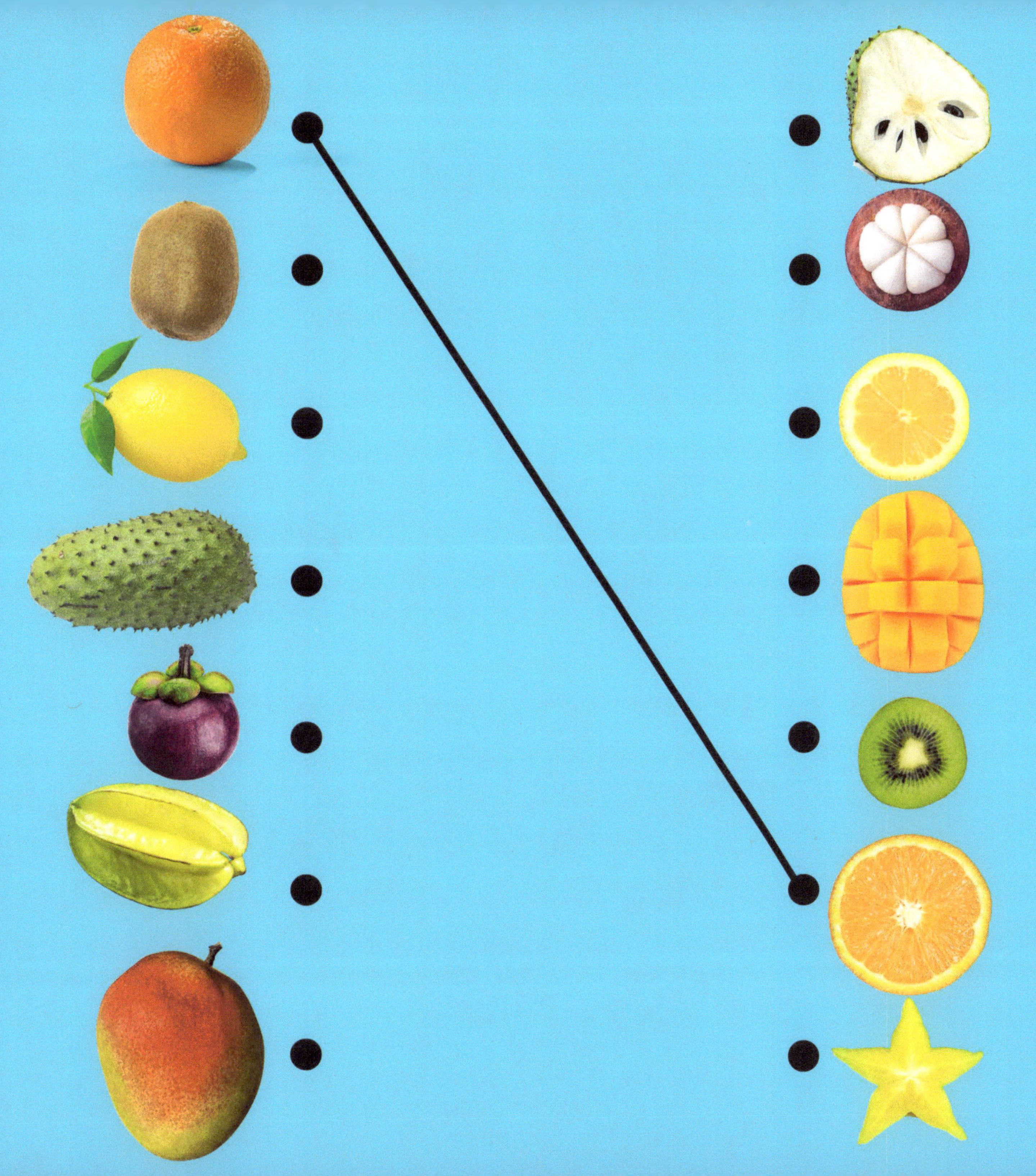